Descubre
todos
nuestros
juegos

de sopas de letras para niños.

Cómo Jugar:

Debe buscar y rodear cada palabra dentro de la cuadrícula que está en la lista.

Direcciones:

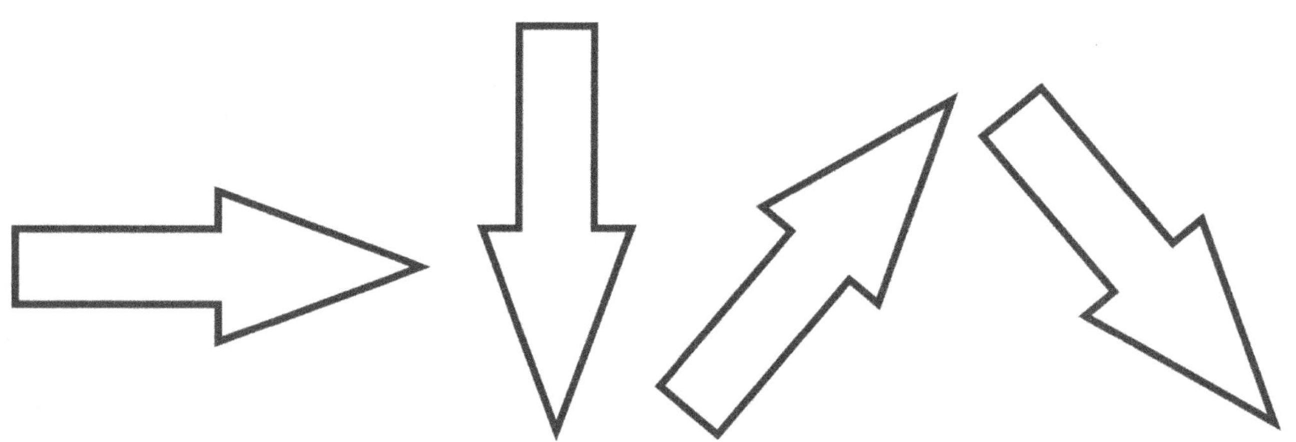

NO HAY PALABRAS AL REVÉS

ESTE LIBRO PERTENECE A:

Número 1

```
J  Á  S  A  T  É  L  I  T  E  S  K
C  Ñ  S  M  E  R  I  W  M  O  É  H
Á  J  Ü  T  Í  I  N  C  V  Ú  U  Í
G  F  R  I  N  T  F  T  O  D  Y  O
H  A  Ü  Ñ  W  E  I  A  Á  N  W  U
M  U  H  Ó  U  T  N  Z  G  Á  D  T
K  Á  Ó  B  B  J  I  V  S  D  Q  A
F  Ó  S  A  G  I  T  A  R  I  O  H
Í  Q  F  M  C  V  O  Ó  T  É  E  L
G  Ó  F  U  Í  É  Á  M  Q  Ñ  V  K
M  E  T  E  O  R  I  T  O  H  Z  P
Í  É  E  X  Í  U  T  P  N  B  W  T
```

INFINITO   MARTE   SATÉLITES

SAGITARIO   METEORITO   ONDA

Número 2

```
C  J  R  Q  T  U  P  D  W  F  Z  C
X  O  A  P  B  Ó  P  Ñ  U  Ñ  A  I
N  J  N  Ó  P  L  A  N  E  T  A  E
R  R  I  S  Ó  Z  Q  X  C  Ñ  W  L
Ü  P  A  R  T  Í  C  U  L  A  Q  O
J  X  K  Ü  D  E  C  U  J  V  I  Ü
G  Ú  E  W  Ü  U  L  O  D  N  É  M
T  Z  P  K  F  V  Ó  A  S  Y  Ó  Ú
Ó  F  O  I  M  Q  Z  Z  C  M  F  Ó
Q  Ú  E  V  T  C  H  A  O  I  O  T
N  E  Ó  Z  X  E  J  I  E  H  Ó  S
Z  Ñ  Á  L  C  B  R  F  Ú  D  C  N
```

COSMOS	CIELO
JÚPITER	PLANETA
CONSTELACIÓN	PARTÍCULA

Número 3

```
M  N  A  N  V  A  N  A  N  A  A  O  W  E
D  K  M  A  D  P  Í  S  K  K  D  J
E  S  P  Y  W  G  O  Ó  L  I  E  Y
Ú  É  S  D  R  L  F  E  O  Ü  X  V
Z  V  U  E  U  I  G  R  T  Q  P  T
O  O  N  B  D  H  E  L  B  N  A  I
L  E  E  Ó  L  F  B  V  T  Z  N  W
N  N  R  J  S  Z  F  Ó  L  V  S  D
O  B  S  E  R  V  A  T  O  R  I  O
H  E  D  O  Ñ  G  O  A  Z  Q  Ó  N
U  L  K  Ñ  V  D  Á  Ñ  Í  R  N  N
Q  C  O  M  P  A  C  T  O  Y  S  E
```

ESFEROIDE   COMPACTO

OBSERVATORIO   EXPANSIÓN

NEBULOSA   ENERGÍA

Número 4

```
W  Á  B  J  Y  Í  Ü  Í  C  Ü  W  Í
P  H  V  G  P  E  L  G  K  M  Z  A
H  R  N  P  R  X  C  E  E  H  O  Ú
I  P  B  L  I  P  M  O  M  E  T  R
P  X  T  R  M  L  Ñ  C  D  S  D  Ú
Ó  L  C  M  I  O  R  H  T  T  Y  Ú
T  U  W  É  G  S  B  P  T  R  É  Ü
E  N  É  V  E  I  N  K  Ñ  E  P  M
S  A  Y  M  N  Ó  Y  D  Ñ  L  Q  Í
I  B  X  P  I  N  F  L  Á  L  X  D
S  E  U  F  O  L  C  J  K  A  J  D
Q  N  H  R  S  G  A  L  A  X  I  A
```

ESTRELLA   PRIMIGENIO   LUNA

EXPLOSIÓN   GALAXIA   HIPÓTESIS

I L R G Q L F F Q J
P W Y E H B T P S N
A S T R O N A U T A
M M R P S L Q Q F O
S L D Q X K U I G O

ASTRONAUTA

Número 5

```
S Q K A T M Ó S F E R A
A É Q Í E S Z W V N J A
T T X F M Ó A L B A É D
U E É Z I W F C Í L Z I
R O S E N S O R E S F M
N R H D É N M T G T P E
O Í N M Í K S Z M Í T N
Z A V R Z Z P N J Ú N S
M N J W I F W S P W K I
Á M Ú Z W Ñ Ú H Y V T Ó
O D W M T B Í I Z O Á N
G R S O Y H Ó I C B É I
```

DIMENSIÓN   **SATURNO**   **ALBA**

ATMÓSFERA   **TEORÍA**   **SENSORES**

Número 6

D Q C F Ú Ü I T X U Ñ C
D K H P Ú L S A R B F Á
E Á A U R O R A Y U X R
S Y U K O N L C Z S Í J
A X M U L T I V E R S O
F F X W N Á T P O X M P
Í Ú K L H E A Ú B C E C
O M Z Ü Ó L P Ú Ñ G D R
P X U A R A I T B Ü D Á
Í A X L G E P B U U Ü T
Í Ü I T É Ü Q L I N T E
C Á S G U J É Ü Q N O R

NEPTUNO   PÚLSAR

DESAFÍO   MULTIVERSO

AURORA   CRÁTER

Número 7

B	T	Ñ	A	G	U	A	E	Á	D	A	X
A	P	D	S	S	Y	K	S	A	Í	R	L
R	O	S	Ñ	U	B	G	P	M	C	W	W
I	R	V	Q	R	Y	T	O	A	R	V	B
O	Ñ	F	F	P	É	N	H	Ñ	E	X	F
G	F	Q	É	E	O	I	Ü	S	P	E	Í
É	V	O	S	R	N	X	Ó	Ñ	Ú	J	P
N	W	A	T	N	O	B	F	D	S	B	M
E	N	S	U	O	N	S	X	G	C	F	A
S	A	Ú	P	V	Ó	É	L	F	U	F	S
I	J	K	A	A	É	T	E	E	L	Á	A
S	S	N	S	O	D	N	B	G	O	Z	D

CREPÚSCULO

AGUA

BARIOGÉNESIS

SURPERNOVA

MASA

ASTRONOMÍA

Número 8

A	M	A	N	E	C	E	R	T	Ó	J	D
N	O	H	A	V	I	U	R	A	N	O	E
T	W	I	B	B	X	J	X	M	C	Q	N
I	R	D	O	P	Ó	M	N	N	U	U	S
M	P	Ñ	M	A	G	J	Ó	Á	R	L	I
A	Q	Ó	M	F	B	I	U	Ó	M	É	D
T	V	M	Ú	H	C	R	A	F	X	E	A
E	S	Q	A	U	J	K	Í	G	Ú	I	D
R	M	P	L	B	E	G	Z	Z	B	C	R
I	W	O	N	H	D	X	W	W	A	D	A
A	V	N	H	B	Y	Ñ	Y	T	Á	R	D
E	I	S	É	F	Ó	Q	B	A	F	U	Ñ

EVOLUCIÓN

DENSIDAD

AMANECER

URANO

ANTIMATERIA

I	P	Y	Z	F	W	W	P	H	F
F	X	H	D	B	K	D	P	Q	R
T	V	O	D	F	U	J	B	S	Y
B	L	C	O	H	E	T	E	F	L
G	R	S	J	F	L	Y	F	H	U

COHETE

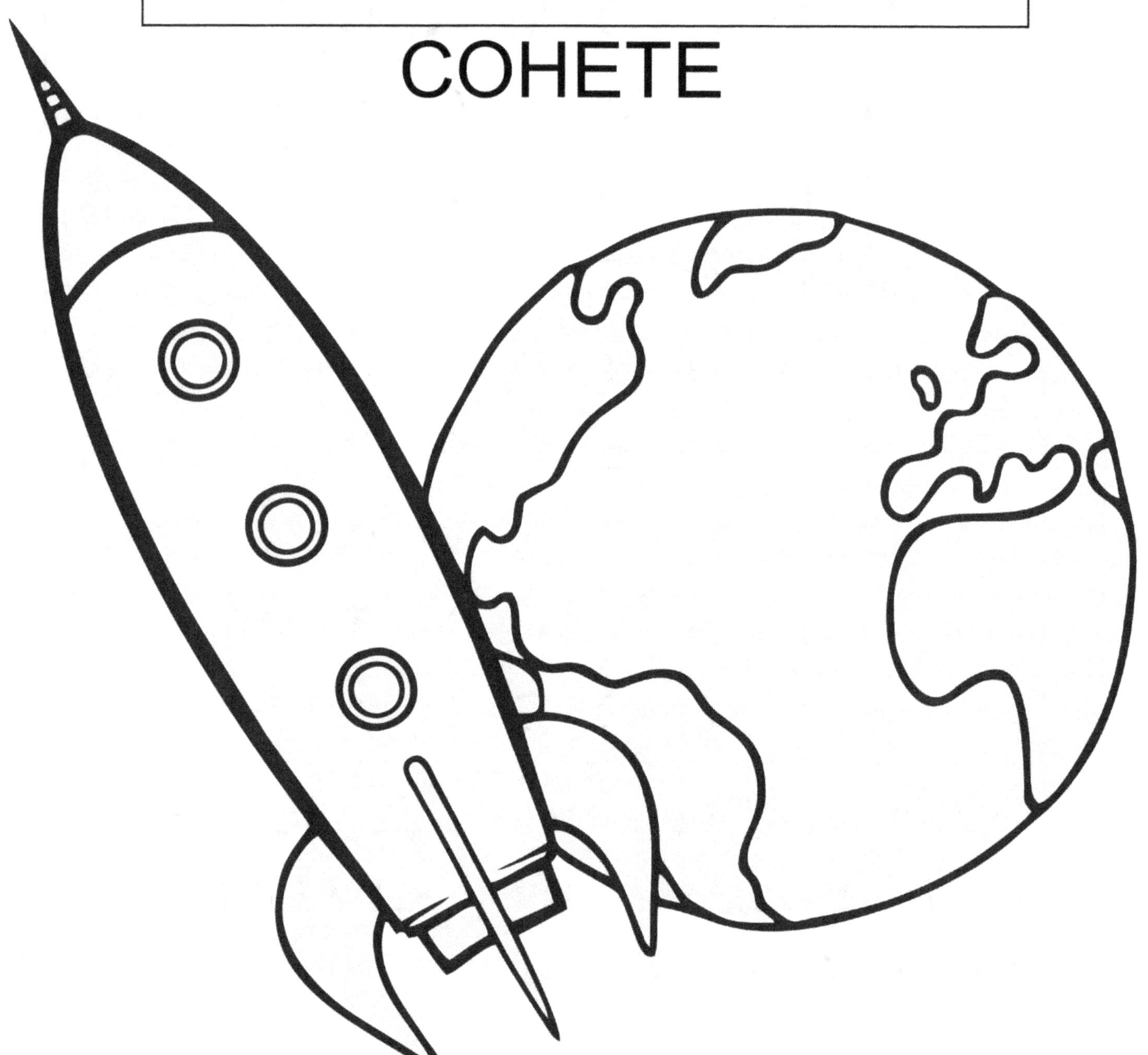

Número 9

R P R O F U N D I D A D
É E Ó Á P U G D E Ó Y A
M Ü L J D U U I W R S A
I Ñ G A Í C J N K B H C
S C X Á T W Á I R I M P
T B Í É Z I V N E T Ü É
E B E Ú K É V Á C A J A
R U C K O F I I O E Ñ T
I H Ü R R D X Ó D H R D
O J T P Ñ G D V U A N J
R S Z I W G K Q O Z D M
A U H R W G M N P Ú K K

ÓRBITA   MISTERIO

ASTRO   RELATIVIDAD

CÁNCER   PROFUNDIDAD

Número 10

R	M	G	P	Z	G	Q	L	H	K	Á	O
D	P	P	O	L	V	O	Z	P	W	I	S
E	C	L	I	P	S	E	Í	G	N	G	Z
D	E	Ñ	G	Í	Ó	A	É	R	R	A	Z
T	Ü	Ü	X	Ü	Ñ	Ú	O	I	C	S	K
W	Á	C	T	P	D	C	A	M	G	É	Á
É	F	T	L	N	I	U	P	Q	F	A	P
C	O	N	T	R	A	C	C	I	Ó	N	H
W	K	I	P	Z	E	T	G	B	W	C	F
F	S	A	O	W	Á	G	Ü	Q	Ü	X	Á
N	C	Y	K	H	Ú	J	J	U	L	E	S
F	O	T	O	N	E	S	C	O	Ñ	É	Á

POLVO

ECLIPSE

CAPRICORNIO

GAS

FOTONES

CONTRACCIÓN

Número 11

```
E  T  Í  Y  Q  W  Ú  Ó  W  E  E  T
Y  T  I  P  N  U  A  S  Ñ  L  S  Q
J  Y  Ú  M  A  T  E  R  I  A  C  K
Í  É  T  T  H  H  C  I  Ü  H  O  X
C  O  S  M  O  L  O  G  Í  A  R  H
C  Ó  I  Q  N  D  J  P  P  Z  P  Q
F  T  E  E  E  Ú  H  O  I  T  I  N
Í  Q  X  K  K  Ü  P  S  S  M  Ó  U
É  D  Ó  Ó  E  A  U  G  C  B  N  Ü
N  R  Q  Í  A  T  U  R  I  Q  O  C
C  O  M  E  T  A  I  W  S  Z  Z  Í
G  R  A  V  E  D  A  D  Ó  Í  V  É
```

PISCIS	ESCORPIÓNO
COMETA	GRAVEDAD
MATERIA	COSMOLOGÍA

Número 12

```
M  X  C  K  M  E  R  C  U  R  I  O
L  F  R  I  I  C  G  Á  E  X  I  Y
W  B  A  W  Í  T  U  A  C  K  F  D
Í  W  G  K  V  O  L  U  M  E  N  J
É  W  W  Ü  V  Z  W  X  V  T  T  K
D  I  S  P  O  S  I  T  I  V  O  O
M  J  O  N  Ú  C  L  E  O  I  S  L
I  V  Ú  O  T  Ñ  B  E  Y  U  I  V
T  E  I  D  T  G  N  C  I  A  Y  D
Ú  T  V  L  D  Q  Z  Ü  M  R  Ü
T  R  A  Y  E  C  T  O  R  I  A  Y
A  M  L  O  K  M  E  T  E  O  R  O
```

MERCURIO	TRAYECTORIA
VOLUMEN	NÚCLEO
METEORO	DISPOSITIVO

W Q R N N W V E I U
X I S T K X C D Z Q
B R H V F H T G U O
W Z S A T U R N O D
B F H H K Q Z U Q H

SATURNO

Número 13

```
T  I  J  X  G  A  B  Ü  E  V  F  Í
B  N  Á  Ñ  R  Y  T  T  N  Y  N  S
F  D  H  Y  C  E  I  Ó  Q  C  U  S
Á  I  E  W  T  L  Ñ  V  B  P  N  U
Ú  C  S  E  É  E  Í  Z  A  E  E  F
N  I  H  T  B  B  G  D  L  Á  P  J
B  O  A  A  N  O  C  H  E  C  E  R
C  S  J  G  Ó  W  Ó  S  Ü  R  X  Á
W  Z  Ü  X  Z  E  C  E  Ó  C  Í  V
E  X  P  E  R  I  M  E  N  T  O  R
E  L  E  M  E  N  T  O  S  K  Í  A
É  H  H  G  D  Ú  K  E  P  Q  L  Ñ
```

EXPERIMENTO	COHETE
INDICIOS	ANOCHECER
ELEMENTOS	SATÉLITE

Número 14

```
Ú  I  C  P  Ñ  U  Ó  R  Ó  L  Y  C
J  É  D  Ó  Y  L  W  U  Ü  H  W  L
É  Í  Ñ  K  Í  A  R  O  D  T  R  K
Ó  T  E  L  E  S  C  O  P  I  O  E
J  B  E  Í  H  T  Í  X  N  B  D  R
S  T  L  E  O  E  O  Ó  X  K  Ü  E
A  Ó  O  Ó  E  R  T  Ü  C  H  Ó  S
Ü  R  F  K  Ü  O  Ó  S  Ü  K  Ó  I
B  X  B  V  R  I  X  Ñ  F  B  G  D
N  N  X  P  Ü  D  S  Y  G  S  Q  U
K  Í  P  I  Q  E  O  H  Ó  H  Ñ  O
G  M  M  I  C  R  O  O  N  D  A  S
```

RESIDUOS

MICROONDAS

TELESCOPIO

LEO

ASTEROIDE

PROTÓN

Número 15

```
M R B V É R T E Ú B R Ó
O C Z Ü J B N A Q F Á W
V O Z B N L W I Ñ Í F O
I L Z Z R T G B F Ü A Ñ
M I E L M O E V L R G T
I S M J H E Ü F B H A O
E I V A X Q D J T B Q Q
N Ó I M E É W I T V C C
T N R D I E U H C C L Ú
O O G K Ñ G U Ó J I Ó P
Ó X O T I Q Ü M É X Ó L
Ü W M N E U T R I N O N
```

NEUTRINO — MOVIMIENTO

RÁFAGA — VIRGO

COLISIÓN — MEDICIÓN

Número 16

```
D Y X L Ú C M Ü N P C C
E L O N G I T U D Y A S
S D L Ó W F Ú U O V O F
T B E S F E R A O M J Í
E T Í Ü F Ñ D N S P N C
L I Í Ú Q Á R O Ó Z V G
L E L O Á E C J D D C Ü
O M Ú Y P O W I Z P B É
Á P N U R I Y C Y Q C Í
Ü O S C B W U Ú A Á Í N
X K I J S J I O Ü E J Q
F M H Í Í Ó Á Í S Ú E Q
```

SUPERNOVA   MICROCOSMOS

TIEMPO   DESTELLO

ESFERA   LONGITUD

O J D D W Q L S E W
S V N Y W V E U K V
O B N P E R E K Q U
H K Y I F F L O S Z
D Q S A P M W P F V

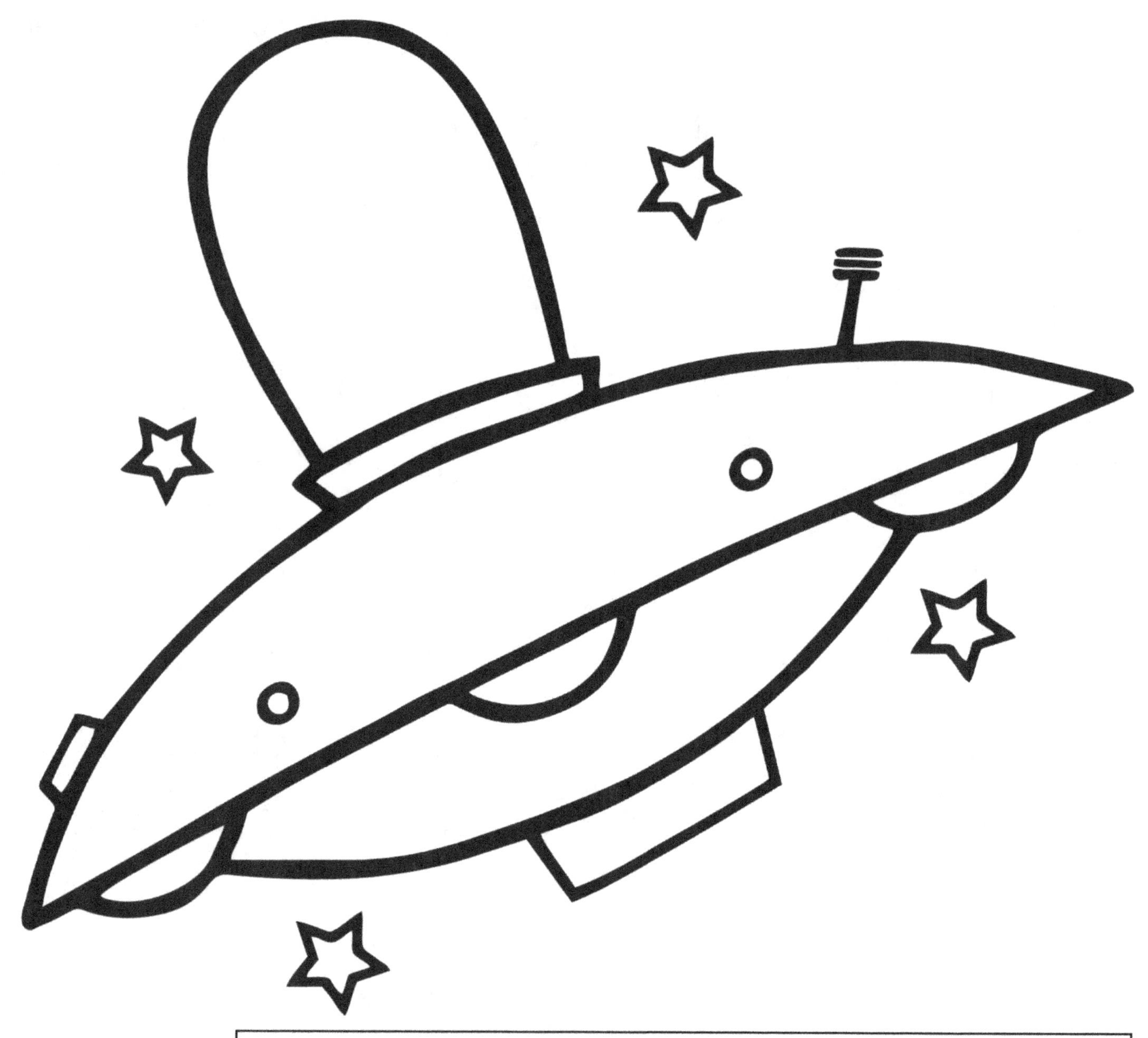

OVNI

Número 17

```
P K Y O Ü P Í S C Í E G
K L S J Z Í I Z Ó A M Y
A N A I K N O R Q O D N
Ó R Q N I E Y Ú R Ó J Á
G Ü I M E D S T C R W Ú
V J É E Á T E P Ü Í K É
T G F J S M A I E L G C
É J W Ó Á C B R N S X I
E B B I U Í Y Á I Ü O J
L B D Í Y R M F Ñ O Á R
H S U T I E R R A R Y Ú
K Ú G A Í Ó Q O R G Q M
```

ESPESOR   **TIERRA**   **ARIES**

PLANETARIO **DIÁMETRO**   **GÉMINIS**

Número 18

```
I  S  J  C  P  Ü  B  Y  H  K  N  U
E  M  T  K  A  G  Ñ  X  Ü  E  Í  C
Í  T  P  R  S  O  N  D  A  S  P  G
K  G  B  L  A  V  V  Ó  J  J  T  Ó
J  I  X  B  O  C  T  Í  H  Y  X  O
L  Í  Í  V  E  S  V  Y  Á  W  B  G
P  G  Ü  J  K  F  I  N  I  T  O  Q
Q  Z  U  A  S  T  R  Ó  N  O  M  O
B  K  I  E  F  É  Ú  L  N  V  Z  W
V  É  T  É  O  T  E  H  D  N  C  Í
H  W  A  K  C  E  L  E  S  T  E  T
M  Á  B  U  K  Y  U  N  A  W  Ó  L
```

SONDAS	FINITO
ASTRÓNOMO	LIBRA
CELESTE	IMPLOSIÓN

Número 19

```
Á  I  Z  X  X  Y  Q  Ó  S  F  Q  Ó
B  N  Z  F  S  S  J  P  L  M  U  M
R  R  P  Ü  T  C  E  M  O  É  Í  E
W  T  B  H  A  P  L  U  T  Ó  N  F
É  Y  B  J  B  W  L  G  R  L  O  I
Á  N  K  J  T  Í  Z  O  O  Q  É  U
V  X  U  Ó  G  L  M  S  C  P  E  M
B  T  É  I  O  O  Á  H  A  B  S  J
T  É  J  S  T  Ú  A  F  C  Y  C  Ñ
B  X  R  Á  N  Ñ  U  I  I  S  A  Ü
A  S  T  R  O  N  A  U  T  A  L  D
Ü  L  F  C  W  R  H  V  Í  M  A  É
```

ÁTOMO	PLUTÓN
ROCA	SOL
ASTRONAUTA	ESCALA

Número 20

O	É	C	Ó	V	Ü	T	B	A	G	K	P
T	J	X	R	Í	C	E	É	C	Ñ	D	P
Z	Á	G	O	J	I	L	L	I	A	Y	I
S	F	P	Z	H	D	E	X	D	H	G	I
P	V	A	G	O	K	S	I	Á	E	V	L
R	Á	K	É	F	T	C	S	Í	S	É	Ü
E	K	A	Z	H	O	Ó	Ñ	Ó	P	Á	E
S	V	W	U	L	Ñ	P	S	R	A	J	Ó
I	D	X	E	H	L	I	W	R	C	A	R
Ó	H	V	P	I	C	O	R	T	I	N	A
N	Q	R	I	V	Z	T	É	U	O	A	O
M	I	S	I	O	N	E	S	S	L	U	R

ESPACIO
VELOCIDAD
PRESIÓN

MISIONES
CORTINA
TELESCÓPIO

A	I	N	N	R	Y	U	K	C	V
L	Y	J	P	P	R	S	N	G	N
I	I	N	C	G	M	Q	F	S	A
E	N	Q	R	T	Y	J	B	U	B
N	Y	U	F	C	R	N	F	G	T

ALIEN

SOLUCIONES

Número 1

INFINITO MARTE SATÉLITES
SAGITARIO METEORITO ONDA

Número 2

COSMOS CIELO
JÚPITER PLANETA
CONSTELACIÓN PARTÍCULA

Número 3

M	N	A	N	V	A	N	A	A	O	W	E
D	K	M	A	D	P	Í	S	K	K	D	J
E	S	P	Y	W	G	O	Ó	L	I	E	Y
Ú	É	S	D	R	L	F	E	O	Ü	X	V
Z	V	U	E	U	I	G	R	T	Q	P	T
O	O	N	B	D	H	E	L	B	N	A	I
L	E	E	Ó	L	F	B	V	T	Z	N	W
N	N	R	J	S	Z	F	Ó	L	V	S	D
O	B	S	E	R	V	A	T	O	R	I	O
H	E	D	O	Ñ	G	O	A	Z	Q	Ó	N
U	L	K	Ñ	V	D	Á	Ñ	Í	R	N	N
Q	C	O	M	P	A	C	T	O	Y	S	E

ESFEROIDE COMPACTO
OBSERVATORIO EXPANSIÓN
NEBULOSA ENERGÍA

Número 4

W	Á	B	J	Y	Í	Ü	Í	C	Ü	W	Í
P	H	V	G	P	E	L	G	K	M	Z	A
H	R	N	P	R	X	C	E	E	H	O	Ú
I	P	B	L	I	P	M	O	M	E	T	R
P	X	T	R	M	L	Ñ	C	D	S	D	Ú
Ó	L	C	M	I	O	R	H	T	T	Y	Ú
T	U	W	É	G	S	B	P	T	R	É	Ü
E	N	É	V	E	I	N	K	Ñ	E	P	M
S	A	Y	M	N	Ó	Y	D	Ñ	L	Q	Í
I	B	X	P	I	N	F	L	Á	L	X	D
S	E	U	F	O	L	C	J	K	A	J	D
Q	N	H	R	S	G	A	L	A	X	I	A

ESTRELLA PRIMIGENIO LUNA
EXPLOSIÓN GALAXIA HIPÓTESIS

Número 5

DIMENSIÓN   SATURNO   ALBA

ATMÓSFERA   TEORÍA   SENSORES

Número 6

NEPTUNO   PÚLSAR

DESAFÍO   MULTIVERSO

AURORA   CRÁTER

Número 7

CREPÚSCULO   AGUA

BARIOGÉNESIS   SURPERNOVA

MASA   ASTRONOMÍA

Número 8

EVOLUCIÓN   DENSIDAD

AMANECER   URANO

ANTIMATERIA

Número 9

R	P	R	O	F	U	N	D	I	D	A	D
É	E	Ó	Á	P	U	G	D	E	Ó	Y	A
M	Ü	L	J	D	U	U	I	W	R	S	A
I	Ñ	G	A	Í	C	J	N	K	B	H	C
S	C	X	Á	T	W	Á	I	R	I	M	P
T	B	Í	É	Z	I	V	N	E	T	Ü	É
E	B	E	Ú	K	É	V	Á	C	A	J	A
R	U	C	K	O	F	I	I	O	E	Ñ	T
I	H	Ü	R	R	D	X	Ó	D	H	R	D
O	J	T	P	Ñ	G	D	V	U	A	N	J
R	S	Z	I	W	G	K	Q	O	Z	D	M
A	U	H	R	W	G	M	N	P	Ú	K	K

ÓRBITA	MISTERIO
ASTRO	RELATIVIDAD
CÁNCER	PROFUNDIDAD

Número 10

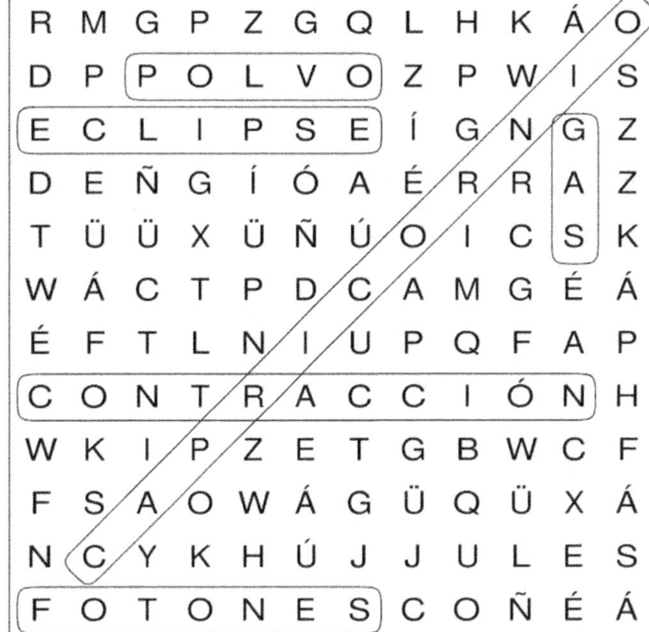

R	M	G	P	Z	G	Q	L	H	K	Á	O
D	P	P	O	L	V	O	Z	P	W	I	S
E	C	L	I	P	S	E	Í	G	N	G	Z
D	E	Ñ	G	Í	Ó	A	É	R	R	A	Z
T	Ü	Ü	X	Ü	Ñ	Ú	O	I	C	S	K
W	Á	C	T	P	D	C	A	M	G	É	Á
É	F	T	L	N	I	U	P	Q	F	A	P
C	O	N	T	R	A	C	C	I	Ó	N	H
W	K	I	P	Z	E	T	G	B	W	C	F
F	S	A	O	W	Á	G	Ü	Q	Ü	X	Á
N	C	Y	K	H	Ú	J	J	U	L	E	S
F	O	T	O	N	E	S	C	O	Ñ	É	Á

POLVO	GAS
ECLIPSE	FOTONES
CAPRICORNIO	CONTRACCIÓN

Número 11

E	T	Í	Y	Q	W	Ú	Ó	W	E	E	T
Y	T	I	P	N	U	A	S	Ñ	L	S	Q
J	Y	Ú	M	A	T	E	R	I	A	C	K
Í	É	T	T	H	H	C	I	Ü	H	O	X
C	O	S	M	O	L	O	G	Í	A	R	H
C	Ó	I	Q	N	D	J	P	Z	P	Q
F	T	E	E	E	Ú	H	O	I	T	I	N
Í	Q	X	K	K	Ü	P	S	S	M	Ó	U
É	D	Ó	Ó	E	A	U	G	C	B	N	Ü
N	R	Q	Í	A	T	U	R	I	Q	O	C
C	O	M	E	T	A	I	W	S	Z	Z	Í
G	R	A	V	E	D	A	D	Ó	Í	V	É

PISCIS	ESCORPIÓNO
COMETA	GRAVEDAD
MATERIA	COSMOLOGÍA

Número 12

M	X	C	K	M	E	R	C	U	R	I	O
L	F	R	I	I	C	G	Á	E	X	I	Y
W	B	A	W	Í	T	U	A	C	K	F	D
Í	W	G	K	V	O	L	U	M	E	N	J
É	W	W	Ü	Z	W	X	V	T	T	K
D	I	S	P	O	S	I	T	I	V	O	O
M	J	O	N	Ú	C	L	E	O	I	S	L
I	V	Ú	O	T	Ñ	B	E	Y	U	I	V
T	E	I	D	T	G	N	C	I	A	Y	D
Ú	T	V	L	D	Q	Z	Ü	Ü	M	R	Ü
T	R	A	Y	E	C	T	O	R	I	A	Y
A	M	L	O	K	M	E	T	E	O	R	O

MERCURIO	TRAYECTORIA
VOLUMEN	NÚCLEO
METEORO	DISPOSITIVO

Número 13

EXPERIMENTO   COHETE
INDICIOS   ANOCHECER
ELEMENTOS   SATÉLITE

Número 14

RESIDUOS   LEO
MICROONDAS   ASTEROIDE
TELESCOPIO   PROTÓN

Número 15

NEUTRINO   MOVIMIENTO
RÁFAGA   VIRGO
COLISIÓN   MEDICIÓN

Número 16

SUPERNOVA   MICROCOSMOS
TIEMPO   DESTELLO
ESFERA   LONGITUD

Número 17

ESPESOR TIERRA ARIES
PLANETARIO DIÁMETRO GÉMINIS

Número 18

SONDAS FINITO
ASTRÓNOMO LIBRA
CELESTE IMPLOSIÓN

Número 19

Á	I	Z	X	X	Y	Q	Ó	S	F	Q	Ó
B	N	Z	F	S	S	J	P	L	M	U	M
R	R	P	Ü	T	C	E	M	O	É	Í	E
W	T	B	H	A	P	L	U	T	Ó	N	F
É	Y	B	J	B	W	L	G	R	L	O	I
Á	N	K	J	T	Í	Z	O	O	Q	É	U
V	X	U	Ó	G	L	M	S	C	P	E	M
B	T	É	I	O	O	Á	H	A	B	S	J
T	É	J	S	T	Ú	A	F	C	Y	C	Ñ
B	X	R	Á	N	Ñ	U	I	I	S	A	Ü
A	S	T	R	O	N	A	U	T	A	L	D
Ü	L	F	C	W	R	H	V	Í	M	A	É

ÁTOMO PLUTÓN
ROCA SOL
ASTRONAUTA ESCALA

Número 20

O	É	C	Ó	V	Ü	T	B	A	G	K	P
T	J	X	R	Í	C	E	É	C	Ñ	D	P
Z	Á	G	O	J	I	L	L	I	A	Y	I
S	F	P	Z	H	D	E	X	D	H	G	I
P	V	A	G	O	K	S	I	Á	E	V	L
R	Á	K	É	F	T	C	S	Í	S	É	Ü
E	K	A	Z	H	O	Ó	Ñ	Ó	P	Á	E
S	V	W	U	L	Ñ	P	S	R	A	J	Ó
I	D	X	E	H	L	I	W	R	C	A	R
Ó	H	V	P	I	C	O	R	T	I	N	A
N	Q	R	I	V	Z	T	É	U	O	A	O
M	I	S	I	O	N	E	S	S	L	U	R

ESPACIO MISIONES
VELOCIDAD CORTINA
PRESIÓN TELESCÓPIO

Créditos:

La portada ha sido diseñada usando imágenes de Freepik.com

"Designed by macrovector / Freepik"

SOLICITUD ESPECIAL

¿Qué te parece nuestro libro?

Realmente apreciaríamos que dejaras una breve reseña podría realmente ayudarnos.